Primeiro dicionário ilustrado
Animais

First Picture Dictionary
Animals

Porco
Pig

Coelho
Rabbit

Borboleta
Butterfly

Raposa
Fox

Ilustrado por Anna Ivanir

www.kidkiddos.com
Copyright ©2024 by KidKiddos Books Ltd.
support@kidkiddos.com

All rights reserved. No part of this book may be reproduced in any form or by any electronic or mechanical means, including information storage and retrieval systems, without written permission from the publisher, except in the case of a reviewer, who may quote brief passages embodied in critical articles or in a review.
First edition, 2025

Library and Archives Canada Cataloguing in Publication
First Picture Dictionary - Animals (Portuguese English Bilingual edition - Brazil)
ISBN: 978-1-83416-231-7 paperback
ISBN: 978-1-83416-232-4 hardcover
ISBN: 978-1-83416-230-0 eBook

Animais selvagens
Wild Animals

Leão
Lion

Tigre
Tiger

Girafa
Giraffe

✦ *A girafa é o animal terrestre mais alto.*
✦ A giraffe is the tallest animal on land.

Elefante
Elephant

Macaco
Monkey

Animais selvagens
Wild Animals

Hipopótamo
Hippopotamus

Panda
Panda

Raposa
Fox

Rinoceronte
Rhino

Cervo
Deer

Alce
Moose

Lobo
Wolf

✦ *O alce é um ótimo nadador e pode mergulhar para comer plantas!*

✦ A moose is a great swimmer and can dive underwater to eat plants!

Esquilo
Squirrel

Coala
Koala

✦ *O esquilo esconde nozes para o inverno, mas às vezes esquece onde as colocou!*

✦ A squirrel hides nuts for winter, but sometimes forgets where it put them!

Gorila
Gorilla

Animais de estimação
Pets

Canário
Canary

♦ *O sapo pode respirar pela pele e pelos pulmões!*
♦ A frog can breathe through its skin as well as its lungs!

Porquinho-da-índia
Guinea Pig

Sapo
Frog

Hamster
Hamster

Peixe dourado
Goldfish

Cachorro
Dog

✦ *Alguns papagaios conseguem imitar palavras e até rir como um humano!*
✦ Some parrots can copy words and even laugh like a human!

Gato
Cat

Papagaio
Parrot

Animais da fazenda
Animals at the Farm

Vaca
Cow

Galinha
Chicken

Pato
Duck

Ovelha
Sheep

Cavalo
Horse

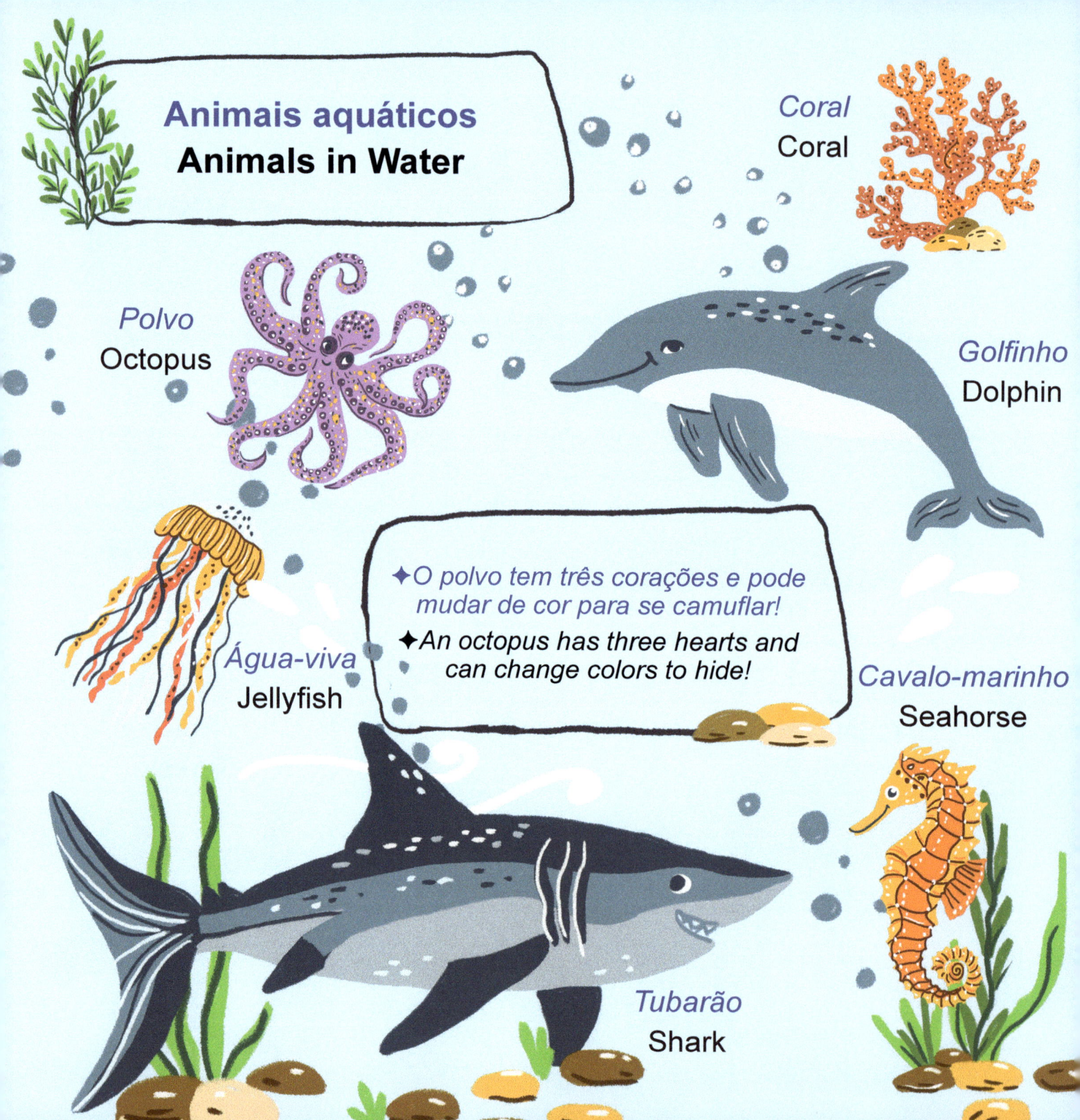

Mosquito
Mosquito

Libélula
Dragonfly

> ✦ *A libélula foi um dos primeiros insetos na Terra, antes mesmo dos dinossauros!*
> ✦ A dragonfly was one of the first insects on Earth, even before dinosaurs!

Borboleta
Butterfly

Abelha
Bee

Joaninha
Ladybug

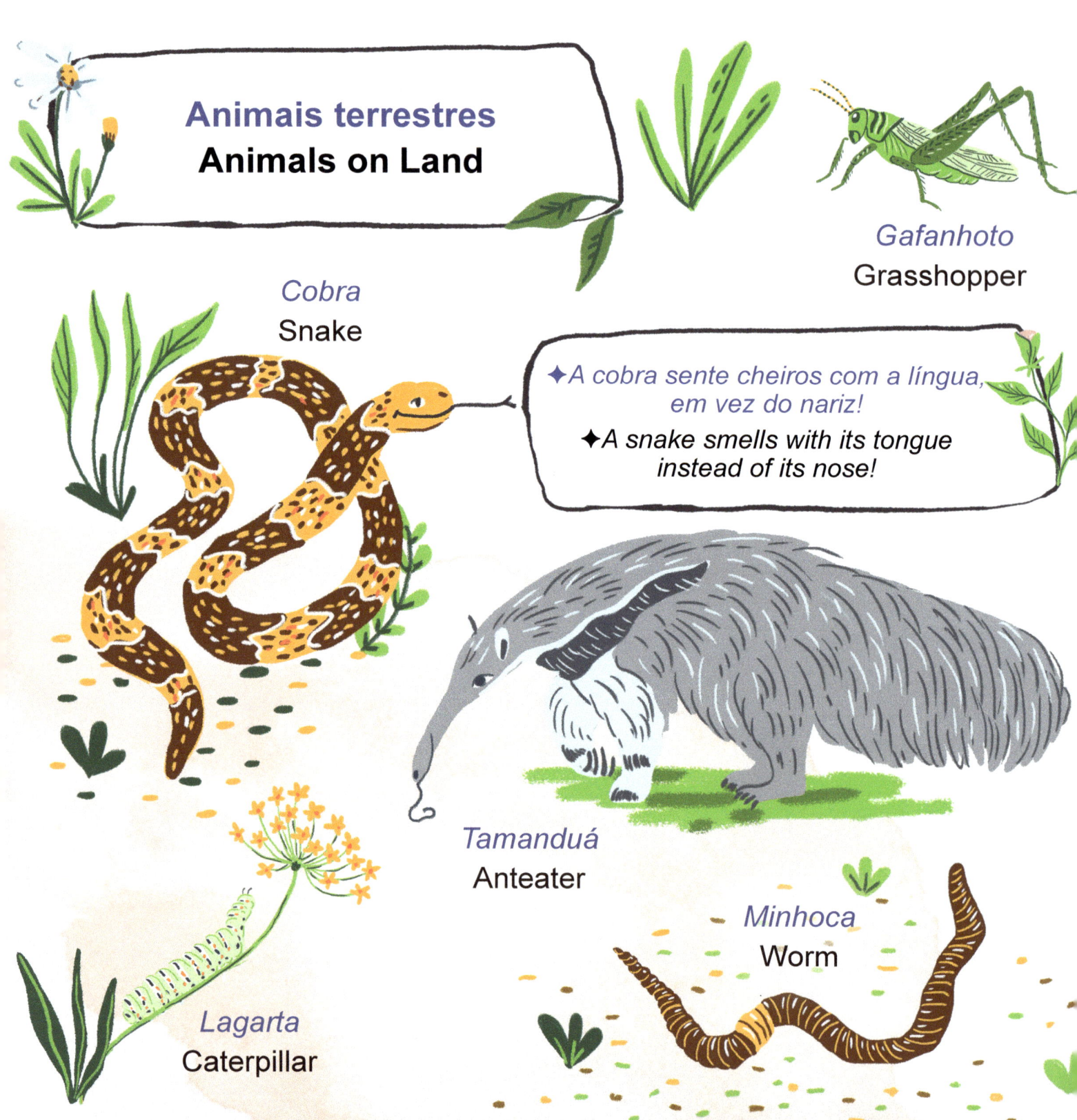

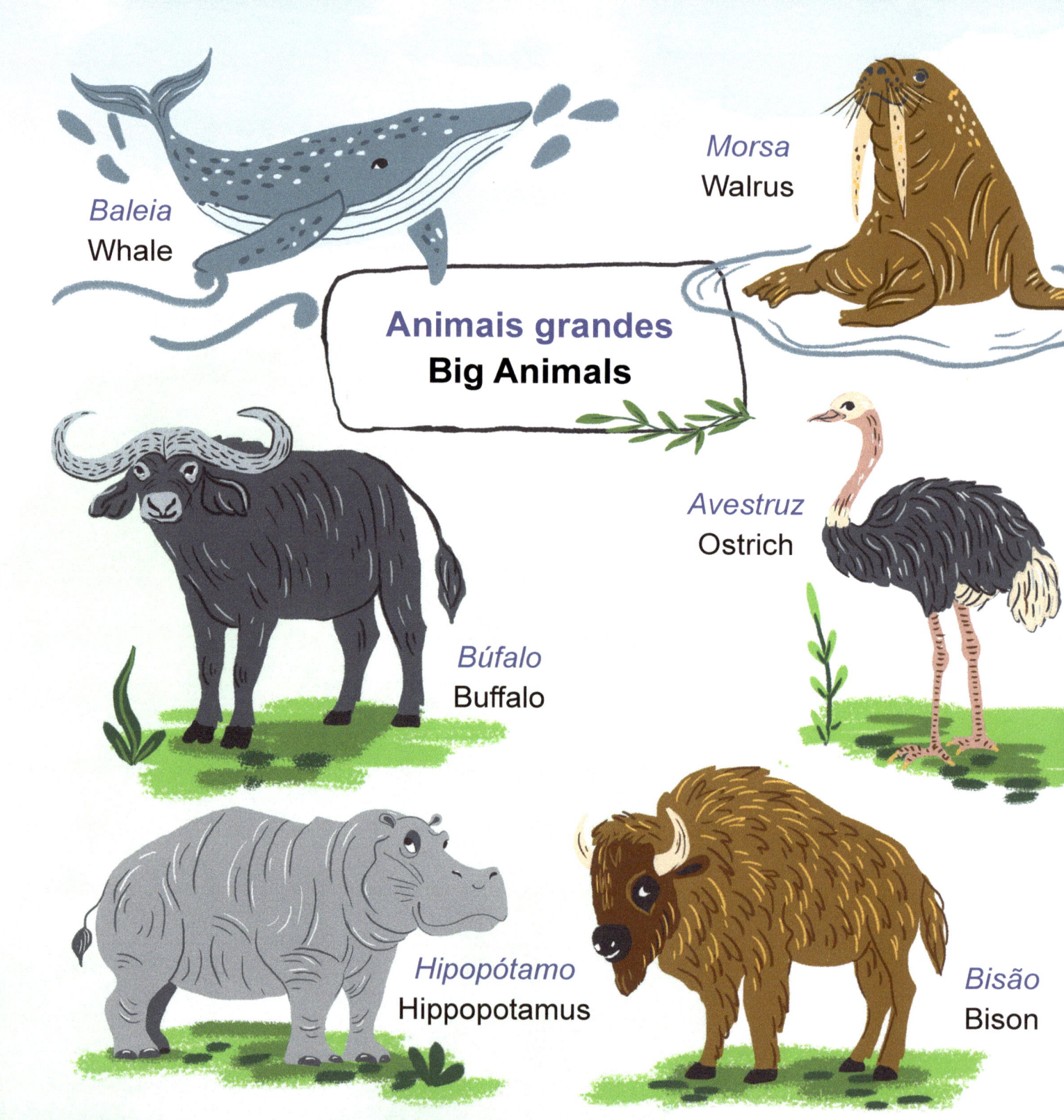

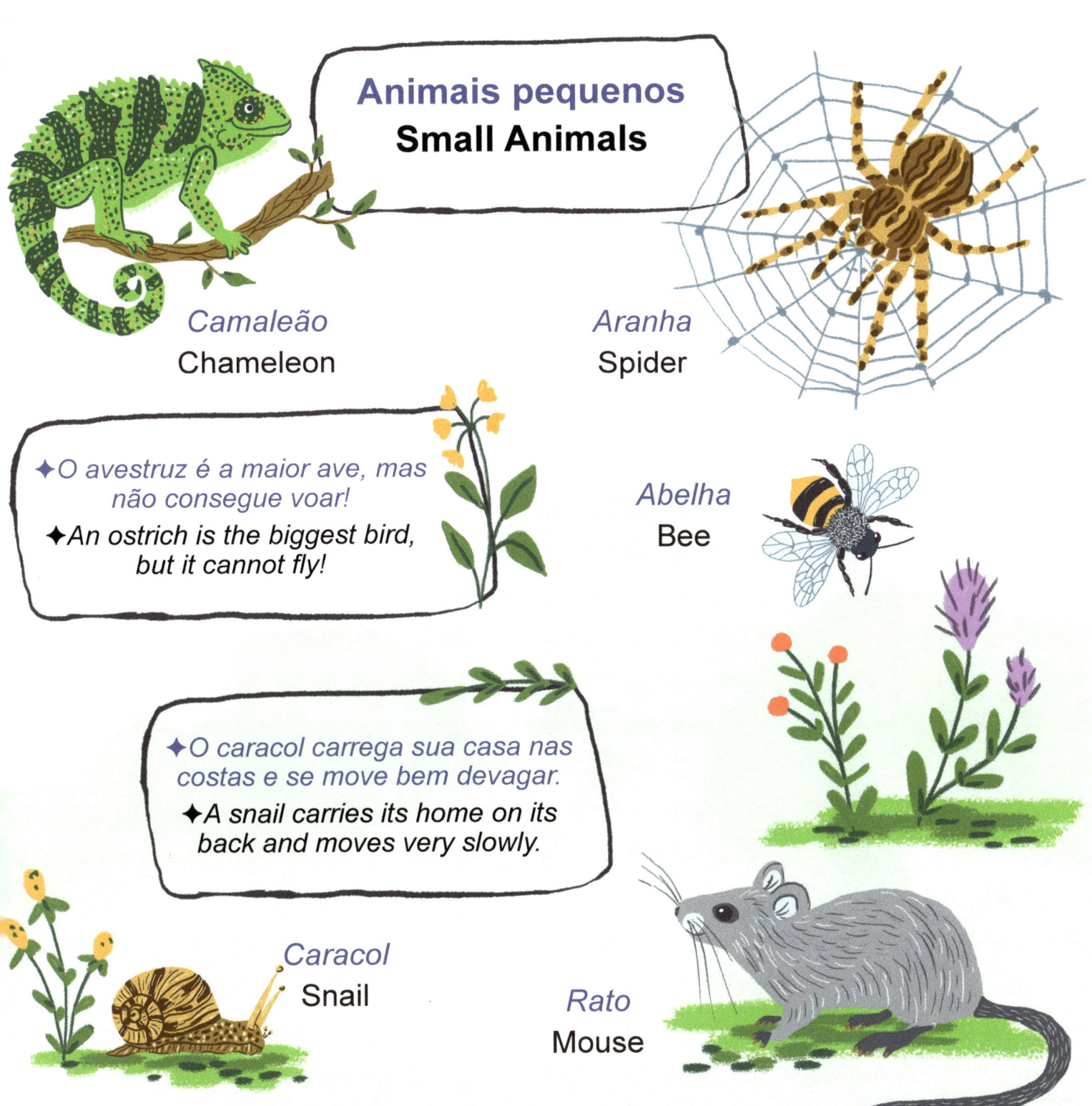

Animais silenciosos
Quiet Animals

Tartaruga
Turtle

Joaninha
Ladybug

✦ *A tartaruga pode viver tanto na terra quanto na água.*
✦ *A turtle can live both on land and in water.*

Peixe
Fish

Lagarto
Lizard

Animais noturnos
Nighttime Animals

Vaga-lume
Firefly

Texugo
Badger

Quiuí
Kiwi Bird

Leopardo
Leopard

Ouriço
Hedgehog

Coruja
Owl

Morcego
Bat

✦ *A coruja caça à noite e usa a audição para encontrar comida!*
✦ An owl hunts at night and uses its hearing to find food!

✦ *O vaga-lume brilha à noite para encontrar outros vaga-lumes.*
✦ A firefly glows at night to find other fireflies.

Guaxinim
Raccoon

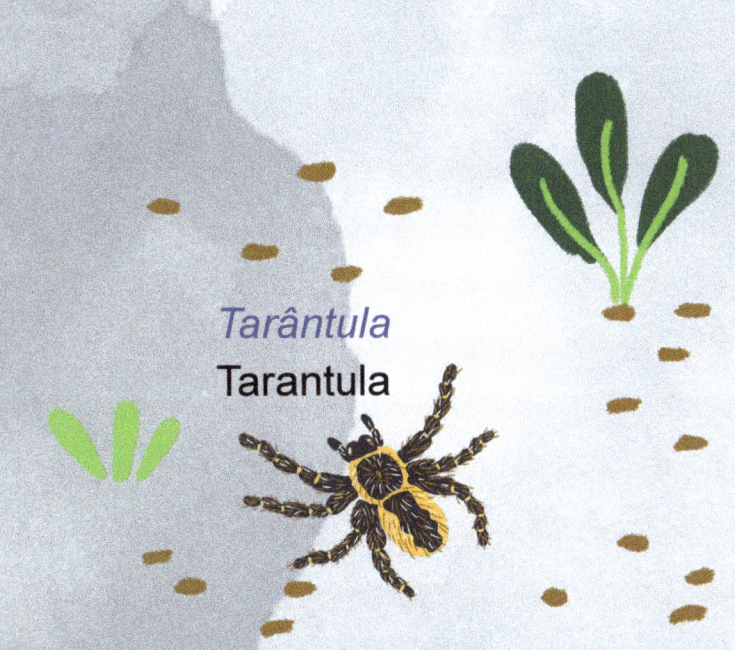

Tarântula
Tarantula

Animais coloridos
Colorful Animals

O flamingo é rosa
A flamingo is pink

A coruja é marrom
An owl is brown

O cisne é branco
A swan is white

O polvo é roxo
An octopus is purple

O sapo é verde
A frog is green

✦ *O sapo é verde, então pode se esconder entre as folhas.*
✦ A frog is green, so it can hide among the leaves.

Animais e seus filhotes
Animals and Their Babies

Vaca e Bezerro
Cow and Calf

Gato e Gatinho
Cat and Kitten

Galinha e Pintinho
Chicken and Chick

✦ *O pintinho conversa com sua mãe mesmo antes de nascer.*
✦ A chick talks to its mother even before it hatches.

Cachorro e Cachorrinho
Dog and Puppy

Borboleta e Lagarta
Butterfly and Caterpillar

Ovelha e Cordeiro
Sheep and Lamb

Cavalo e Potro
Horse and Foal

Porco e Leitão
Pig and Piglet

Cabra e Cabrito
Goat and Kid

www.ingramcontent.com/pod-product-compliance
Lightning Source LLC
LaVergne TN
LVHW072004060526
838200LV00010B/281